AF440286

ORDRE — FAMILLE — PROPRIÉTÉ

LA CONSPIRATION DES BRASSARDS SOUS LA COMMUNE

PAR UN OFFICIER EN MISSION

Prix : 25 centimes

BUREAUX DE VENTE
5, rue Geoffroy-Marie, 5
PARIS

PRÉFACE

L'unique objet de cet opuscule est de produire au grand jour un fait dénaturé par la presse, et de démontrer, en outre, qu'à l'heure où, lâchement abandonné par tous, Paris était en proie aux horreurs de l'anarchie, il s'est trouvé des hommes qui surent sacrifier leur tranquillité et risquer leur vie pour le salut commun.

AVANT-PROPOS

En dépit des 11,000 hommes qui, spontanément, s'étaient réunis au Grand-Hôtel, et des points stratégiques que le parti de l'ordre occupait fortement, Saisset, désespérant de vaincre la faction qui triomphait, se mit en sûreté à Versailles. Ce noble exemple trouva un nombre tel d'imitateurs, qu'en moins de trois jours tout Paris tomba au pouvoir de l'insurrection. La garde nationale, livrée à elle-même par l'émigration collective de ses chefs, subit désormais le joug du Comité central et vint accroître les forces de la Commune.

La population, se voyant ainsi abandonnée, perdit toute espérance et fut prise d'une folle terreur. C'est alors qu'un certain nombre de personnes courageuses, que le même esprit avait réunies au Grand-Hôtel, vinrent se grouper autour d'un personnage dont la conduite avait inspiré les plus vives sympathies.

Nous voulons parler de M. le colonel de Beaufond, chef d'état-major par intérim de la garde nationale de la Seine, en remplacement de M. Langlois qui, sans doute, n'avait pas jugé prudent de venir occuper ce poste.

Dans un conciliabule secret qui eut lieu, l'organisation de la résistance fut résolue et, en oütre, l'on décida que, par tous les moyens imaginables, il serait fait échec à l'insurrection.

Tel fut le germe de cette conspiration dont nous publierons bientôt la longue suite de péripéties, nous bornant aujourd'hui à en esquisser un épisode.

I

Cette conspiration, savamment ourdie, sapait se-
crètement la Commune à sa base sans éveiller le
moindre soupçon.

A la date du 7 mai, grâce aux mesures prises, à
l'activité déployée, elle avait pris une extension
considérable.

Non-seulement elle avait des ramifications avec
la population de tous les quartiers, mais encore elle
disposait de deux corps francs, vengeurs de la
république et turcos de la Commune, à la solde
de la Commune, dont la défection était assurée.

Indépendamment de cela, des comités clandestins
avaient été créés dans tous les arrondissements
comme centre de ralliement, et afin d'entretenir des
relations auprès des légions et de leurs chefs.

Des agents spéciaux avaient été placés dans tous
les ministères, dans tous les comités, ainsi que dans
les différents services de la Commune.

Non-seulement on connaissait exactement les ressources dont elle disposait, mais encore, à l'aide de renseignements précieux qui étaient fournis, les moyens propres à employer pour qu'elle succombe.

En un mot, à partir du 7 mai, tout était prêt pour assurer l'entrée des troupes de Versailles, au premier signal, et pour neutraliser totalement la résistance.

Il ne nous appartient pas, quant à présent, d'expliquer le retard qui a été apporté à l'exécution de ce plan ; nous nous bornons à certifier le fait et à le prouver à l'occasion.

II

A la suite de négociations entamées auprès du colonel Stawinski, commandant le 6e secteur, il fut convenu, le 9 mai, qu'il livrerait la porte d'Auteuil sous trois jours, à la condition expresse que la garnison, qui mettrait bas les armes, serait non-seulement épargnée, mais qu'il lui serait distribué une somme de trois mille francs.

Le Gouvernement de Versailles, qui fut aussitôt avisé, s'imagina d'abord de trouver trop long le délai demandé, puis finit par l'accepter.

En conséquence, toutes les mesures furent prises de part et d'autre.

Conformément aux instructions reçues de Versailles, il avait été convenu que, comme signe de reconnaissance et de ralliement, les gardes nationaux appartenant à l'ordre porteraient au bras droit un brassard tricolore qui leur serait distribué au moment venu, c'est-à-dire le 12 mai à minuit.

En conséquence, Mme Joséphine Legros s'était chargée, plutôt par dévouement que par intérêt, de la confection de ces brassards.

Ce travail que rien n'était venu troubler touchait à sa fin lorsqu'une délation, qu'on suppose venue d'un garde national rallié à l'ordre, fit tout découvrir.

Le 12 mai, à une heure avancée de la nuit, une voiture, conduite par un nègre, s'arrêtait, 12, rue des Terres-Fortes, chez Mme Legros, pendant qu'une troupe de fédérés cernait la maison et ses environs.

Deux membres du Comité de salut public, accompagnés d'officiers, firent violemment irruption dans l'appartement de cette dame ; ils découvrirent 20,000 brassards, et saisirent des papiers compromettants desquels il résultait, que cette commande avait été faite par un très-honorable négociant.

Sommée d'avoir à s'expliquer, cette courageuse jeune femme déclara qu'elle ne répondrait à aucune des questions qui lui seraient adressées, et, malgré les menaces atroces dont elle fut l'objet, elle tint jusqu'au bout sa promesse.

Conduite à l'Hôtel-de-Ville, de là à Mazas, puis ensuite à Saint-Lazare, cette dame a subi une captivité de quatorze jours, durant lesquels elle devait s'attendre à être passée par les armes d'une seconde à l'autre.

Les membres de la Commune, convoqués à la hâte, se réunirent à deux heures du matin à l'Hôtel-de-Ville, afin d'aviser aux mesures à prendre en présence de la découverte de ce..... *complot,* qui les plongea dans une profonde stupeur.

Le chef de la sûreté, Cournet, accusé d'imprévoyance fut changé, ainsi que Longuet, délégué à l'*Officiel.*

Le Comité de salut public mit tous ses plus fins limiers en campagne, afin de découvrir les auteurs de cette trame ; la plus grande discrétion fut recommandée ; néanmoins, malgré les précautions qui furent prises, les journaux du jour ébruitèrent le fait, auquel le public, en majeure partie, se refusa de croire.

Le 13 au matin, M. Lasnier fut arrêté, 5, rue de Maubeuge ; on vola chez lui 6,000 francs en or, on fouilla sa correspondance et ses livres de commerce. Il fut conduit à l'Hôtel-de-Ville où, après un long interrogatoire, on lui vola 21,000 francs en or qu'il avait sur lui, et on le conduisit à Mazas. M. Lasnier fut condamné à mort et mis au secret. Les délégués à la sûreté générale suspendirent son exécution, espérant, par la suite, obtenir de lui des indices à l'aide desquels, ils sonderaient un mystère jusque-là impénétrable?

Ce fut en vain : en dépit de la carte de civisme qu'ils exigèrent, des arrestations, des perquisitions qu'ils firent, ils ne purent rien obtenir. La conspiration continua son œuvre, toujours dirigée par le colonel de Beaufond, qui, ainsi que plusieurs officiers dénoncés depuis longtemps, étaient traqués comme des bêtes fauves.

La découverte des brassards n'influa en rien sur les événements ; il fut convenu que l'on s'en passerait à l'aide de mouchoirs que les hommes mettraient au bras.

III

Tel est le résumé rapide de cette affaire ; quant au coup de main projeté sur la porte d'Auteuil pour la nuit du 13 au 14 mai, voici les causes de son insuccès :

Comme on se le rappelle, une somme de trois mille francs devait être remise au colonel Stawinski ; M. Troncin-Dumersan, qui, dans les premiers jours, avait servi d'intermédiaire entre Paris et Versailles, devait remettre cette somme au colonel, mais, à la suite de l'affaire des brassards, sa bonne ayant été arrêtée, il se réfugia à Versailles, craignant le même sort.

Sa disparition fit perdre du temps ; on le chercha, puis on dépêcha des exprès à Versailles, où des lenteurs furent apportées ; bref, après trois jours d'allées et de venues, lorsque la somme nécessaire arriva, le colonel Stawinski, suspecté, venait d'être arrêté ; dès lors, dans tous les secteurs, des délégués furent placés auprès des commandants, et la surveillance la plus rigide fut exercée.

IV

Le cadre que nous nous sommes tracé ne comporte pas d'autres développements; sous peu nous publierons l'histoire complète de ces deux mois de conspiration, dont l'*affaire des brassards* n'est qu'un incident relatif.

Nous mettrons ainsi fin à une foule de récits imaginaires qui tendent à s'accréditer dans le public, et nous produirons les faits sous un jour qui dissipera toute erreur.

UN OFFICIER EN MISSION.

Sous presse :

DEUX MOIS DE CONSPIRATION

SOUS LA COMMUNE

LE SIÉGE DE PARIS

Par Bocquillon

N° 3 AVEC DES ILLUSTRATIONS